AF339921

P. EBERSOLT

L'Athéisme et l'Evolution humaine

Paris. — Librairie Fischbacher.
Colmar. — Librairie E. Barth.
Mulhouse. — Librairie évangélique.
Montbéliard. — Librairie Jonte.

L'Athéisme et l'Evolution humaine

A mes Amis d'Alsace, de Montbéliard
et de Saint-Etienne.

P. E.

Paris. — Librairie Fischbacher.
Colmar. — Librairie E. Barth.
Mulhouse. — Librairie évangélique.
Montbéliard. — Librairie Jonte.

MONTBÉLIARD — SOCIÉTÉ ANONYME D'IMPRIMERIE MONTBÉLIARDAISE

L'Athéisme et L'Evolution humaine.

Pourquoi le rapprochement de ces deux termes : Athéisme et Evolution humaine ?— Parce que ce sont deux faits de plus en plus actuels, deux éléments essentiels de la mentalité moderne. — D'une part, la science, saluée comme la nouvelle idole des temps modernes, affirme toujours davantage le fait de l'évolution humaine. D'autre part la pensée contemporaine proclame avec plus de violence que jamais la nécessité de l'athéisme. Si ces deux affirmations étaient indépendantes l'une de l'autre, si elles n'étaient pas rapprochées comme deux modes concomittants du rythme grandiose de la transformation progressive de l'humanité, il n'y aurait pas lieu de s'en inquiéter. Nous ne verrions en elles que des symptômes de l'effort de l'esprit humain, toujours en quête d'idées, de méthodes, d'expériences nouvelles. Nous n'y attacherions que l'importance qu'on accorde à des formes transitoires d'un état d'esprit donné.

Mais il n'en est rien. Au contraire, on prétend unir indissolublement l'athéisme et l'évolution humaine, pour

les présenter comme deux termes inséparables l'un de
l'autre. Ce n'est donc pas nous qui, de propos délibéré,
faisons le rapprochement, mais bien la pensée moderne
qui voudrait associer dans une interdépendance définitive
l'évolution humaine et l'athéisme. Voilà qui est grave et
nous a semblé mériter un examen rapide.

Toutefois, avant d'examiner si la prétention est justi-
fiable, si la thèse peut résister au triple examen du sentiment, de la raison, de la conscience, il est de toute
nécessité afin d'éviter des confusions et des malenten-
dus, de définir les termes.

Commençons par l'Evolution. L'évolution, c'est la tran-
sition de l'imparfait au plus parfait, le passage des
formes inférieures à des formes supérieures, la transformation mystérieuse des forces homogènes en forces hété-
rogènes. C'est en d'autres termes, la loi du progrès, du
développement continuel de tout ce qui existe et s'achemine par les degrés d'une perfectibilité indéfinie, vers
l'intégration suprême de l'être, c'est-à-dire vers la prise
de possession du but poursuivi, vers la réalisation de
l'absolue perfection. A partir du moment où la terre a été
lancée dans l'espace, l'évolution a commencé. Nous pouvons voir l'application de cette loi d'une façon évidente
dans le domaine matériel, comme dans le domaine moral.
De même que la vie physique a revêtu des formes très

inférieures avant d'acquérir celles que nous constatons en nous et autour de nous, de même que la vie inorganique, puis la vie organique avec la plante et l'animal ont existé avant l'homme, de même aussi la vie morale de l'humanité a végété longtemps à l'état embryonnaire, avant de parvenir à l'épanouissement actuel qui heureusement pour nous n'est pas définitif. Et c'est précisément, parce que nous sommes encore très éloignés du dernier degré de la perfection, que nous assistons parfois à des défaillances passagères, à des régressions du progrès, Toutefois, malgré les ténèbres d'ignorance et d'erreurs où nous sommes encore plongés, malgré les tares individuelles et sociales, malgré le mal qui nous enserre, la souffrance qui nous guette à chaque pas, nous pouvons voir nettement à l'œuvre la force invincible du progrès dont l'évolution est la formule. L'évolution humaine, c'est — en dernière analyse — la victoire que l'homme aidé par les forces de l'esprit, remporte sur toutes les forces adverses qui se liguent contre lui pour lui barrer la route de l'avenir ; l'évolution humaine c'est le bonheur de demain qui se lève sur notre vie, c'est l'aurore du soleil de justice qui apparaîtra bientôt, c'est la lente ascension de l'humanité qui monte d'une allure calme mais puissante dans la resplendissante lumière de la vérité.

L'évolution humaine est donc l'expression d'un fait scientifique, une vérité d'ordre expérimental, qui s'impose à la raison. La nier, ce serait nier la réalité du progrès ; ce serait même s'inscrire en faux contre la profonde parole de Jésus : « Mon père travaille jusqu'à aujourd'hui ». Ce n'est donc pas nous, croyants, qui allons la mettre en doute, puisque nous voyons en elle la manifestation la plus puissante de l'Esprit, la réalisation de la destinée supérieure de l'humanité.

Pouvons-nous en dire autant de l'Athéisme ? Ici une définition s'impose. Il existe un certain athéisme large, tolérant, qui n'est pas une irréligion vulgaire et s'appelle l'agnoticisme. De lui, nous ne parlerons pas, car il est très peu répandu : il n'est le propre que d'une minorité d'hommes instruits dont nous trouvons des spécimens à toutes les époques dans l'histoire du développement de l'esprit humain. Tout ce que nous pouvons dire de ces hommes, c'est qu'ils ont droit à toute notre tolérance. Tout en regrettant leur état d'esprit qui généralement les conduit en droite ligne au scepticisme, et qui trop souvent a son origine dans une éducation religieuse trop étroite, nous devons les respecter. Qu'importe, en effet, si dans la première affirmation de leur révolte contre une foi qui ne pouvait plus satisfaire ni leur raison, ni leur conscience, ils confondent, à l'heure présente la caricature de la divinité dont on les a si longtemps effrayés avec le Créateur de la vie de l'esprit. « Leur erreur ne sera pas éternelle, dit en parlant d'eux, M. A. Kohler, dans sa « Religion de l'effort ». Déjà par leur effort reconquis, par leur volonté d'ascension, par leur élan vers un idéal auquel ils ont foi, ils avancent vers l'Etre mystérieux dont ils entendent la voix et qu'ils servent sans le connaitre encore. »

Il est donc bien entendu que dans notre définition de l'athéisme, dans le réquisitoire que nous dressons contre lui, nous ne comprenons pas les individualités dont nous venons de parler. En prenant l'athéisme dans sa forme la plus générale, dans ses manifestations courantes, nous les définissons : une négation violente et intéressée de Dieu et de tout idéal. En effet, ce n'est pas tant la personne de Dieu que son influence que les athées cherchent à détruire.

La personne de Dieu ? Mais il ne dépend pas de l'homme qu'elle soit ou ne soit pas. Il y a fort heureusement des réalités grandioses et invisibles qui sont plus grandes que nous, qui nous dominent, qui s'imposent à notre esprit, bon gré mal gré. Ce ne sont pas les anathèmes, ni les négations injurieuses qui peuvent amoindrir la réalité divine, pas plus qu'un anathème lancé à une source d'eau vivifiante ne pourrait en modifier ni la saveur, ni la pureté.

Aussi les athées ne pouvant détruire Dieu, cherchent-ils à l'atteindre dans son influence, en ridiculisant son être, en le faussant à l'aide de sophismes ou d'insultes. Tout récemment, par exemple, nous pouvions voir s'étaler sur les murs de nos villes d'immenses affiches rouges conviant le peuple à la prédication du néant et sur lesquelles flamboyaient ces mots pompeux : « Les crimes de Dieu ». Un autre esprit fort écrit élégamment : « Dieu est bien mort, mais il faut piétiner sur son cadavre, car il récalcitre ».

Voilà les moyens grossiers et mensongers qu'emploient les batteleurs de l'athéisme pour attirer à eux la foule. Et pourtant, comment le peuple peut-il se laisser gagner par des procédés aussi enfantins ? Car si Dieu n'existe pas, ainsi que le postulent les athées, comment pourrait-il commettre des crimes ? On n'outrage pas une personne qui n'existe pas, une idée irréelle. Il est inutile de se donner la peine « d'assassiner le dénommé Dieu » si ce n'est que le néant. Et d'autre part, s'il existe comment, en toute justice, rendre Dieu, qui est par essence Esprit d'amour et de justice, responsable des crimes que des hommes ont commis en désobéissant à sa loi. Depuis quand, déclare-t-on les législateurs responsables des violations de leurs décrets ? Les athées qui reprochent si souvent aux croyants leur manque de sincérité, font donc preuve ici d'un manque de bonne foi manifeste. S'ils agissent ainsi, c'est qu'à tout prix, dans un but intéressé, ils voudraient détruire l'influence religieuse, c'est-à-dire toute une conception profonde de la vie. Pour eux, Dieu c'est l'obstacle à la destruction du devoir et du bien, c'est le gardien vigilant des lois morales de l'humanité. Pour eux, Dieu c'est la digue formidable qui empêche les masses déchaînées de l'égoïsme et des passions de se répandre sur le monde en flots dévastateurs. L'athéisme, dans sa forme courante, n'est pas autre chose que la révolte de l'instinct contre la loi morale qui doit le maîtriser. En voulez-vous la preuve ? Ecoutez parler l'un des pontifes athées qui imprime dans un des organes les plus répandus dans la classe ouvrière des paroles comme celles-ci : « Pour qu'il parvienne à la conscience de sa force, il faut que le prolétariat foule aux pieds les préjugés de la morale chrétienne, économique, libre-penseuse; il faut qu'il retourne à ses instincts naturels, qu'il proclame les droits de la paresse, mille fois plus nobles et plus sacrés que les phtisiques droits de l'homme concoctés par les avocats métaphysiques de la Révolution française; qu'il ne se contraigne à ne travailler que trois heures par jour, à fainéanter, à bombancer le reste de la journée et de la nuit ». Et quand un autre chef de ce mouvement s'écrie : « Notre désir, voilà notre seul titre de propriété », nous en avons assez pour être édifiés sur le but poursuivi par des hommes semblables et nous sommes en droit, encore plus justement que tout à l'heure, de définir l'athéisme une coalition de l'intérêt, des impulsions inférieures, de l'égoïsme débordant, contre les forces de la conscience humaine, contre ses énergies morales, contre ces ambitions infinies.

Et c'est sur une pareille doctrine que les athées ont la prétention de faire reposer l'évolution humaine! Et bien notre sentiment s'y oppose invinciblement. Notre instinct moral qui nous pousse, souvent inconsciemment, à faire justice de toutes les théories pernicieuses qui menacent de diminuer notre vie, de porter atteinte à notre dignité de créatures humaines, notre instinct moral, dis-je, se refuse à souscrire aux prétentions de l'athéisme. Il nous avertit qu'il est insensé de vouloir unir l'athéisme et l'évolution, en proclamant que pour augmenter son bonheur, agrandir son existence mutuelle et morale, donner à sa vie une destinée plus haute, il soit nécessaire à l'homme de devenir irréligieux. Il nous avertit que puisque l'homme marche vers le mieux être physique et moral, on ne saurait s'appuyer pour le faire monter encore plus haut précisément sur ce qui le rabaisse et le ramène en arrière.

Comment se fait-il qu'il y ait au XXe siècle des hommes assez aveugles pour espérer construire l'édifice humain sur la fange morbide des égoïsmes collectifs. Il y a pourtant bien longtemps qu'un génial architecte, — génial est divin parce qu'il avait emprunté ses plans et ses méthodes à l'esprit de l'Architecte de l'Univers, — est venu sur cette terre donner sa vie, afin d'apprendre aux hommes insouciants et bornés qu'ils ne peuvent construire aucune maison solide sur le sable mouvant, et que s'ils veulent posséder un asile indestructible, qui tienne tête aux vents contraires des passions, aux orages dévastateurs des intérêts personnels, c'est dans le roc inébranlable de la conscience qu'il faut creuser des fondations.

Les athées qui prétendent vouloir le perfectionnement de l'humanité vont aux fins contraires de leur désir. Ils empêchent l'homme de réaliser sa destinée supérieure, en augmentant par leurs théories le poids formidable des chaînes qui naturellement le tiennent captif de la vie égoïste.

Ils sont semblables à ceux qui proclament la liberté et l[a]
violent à chaque pas. Quand on entend un athée parl[er]
de progrès et d'évolution, et aussitôt après partir e[n]
guerre contre Dieu, on ne peut s'empêcher de sourire [et]
de songer à certain alcoolique, ivrogne invétéré, q[ui]
après avoir tout brisé et frappé sa femme dans un acc[ès]
de folie, sortait de chez lui pour flétrir l'injustice socia[le]
en criant : « Mort aux tyrans ! »

Le bon sens le plus élémentaire nous apprend que [la]
méthode qui voudrait poser l'évolution humaine en fonc[c]-
tion de l'athéisme, est radicalement fausse. Notre instin[ct]
moral, notre sentiment protestent contre cette association[,]
et ils affirment qu'entre l'athéisme et l'évolution il n'y [a]
aucun lien, bien plus qu'il y a entre eux une incompatibilit[é]
absolue.

Mais le jugement du sentiment suffit-il pour détruir[e]
certaines théories ? Oui, pour ceux qui savent ce que c'es[t]
que la vie du sentiment, pour ceux dont la vie affectiv[e]
a créé une délicatesse de jugement et une sensibilité mo[-]
rale pour ainsi dire infaillibles. Non pour les nature[s]
amorales qui pèchent par l'absence même de ce sens in[-]
terne. A celles-ci, qui sont de beaucoup les plus nom[-]
breuses dans la gamme des caractères, il faut d'autre[s]
motifs de persuasion que le sentiment. Les « raisons d[u]
cœur, que la raison ne comprend pas » ne leur suffisent
pas. Il faut des convictions assises sur la logique. Il es[t]

donc nécessaire que nous examinions la thèse athée à la lumière de l'intelligence seule, et que nous voyions si elle résiste mieux à l'examen de la raison qu'à celui du sentiment.

Pour que cet examen soit aussi complet et clair que possible, nous le diviserons en deux parties en nous servant de la classification appliquée par Kant à l'ordre de la connaissance humaine. Nous considérerons ainsi successivement l'affirmation athée au double point de vue de la raison pure ou théorique et de la raison en action ou pratique.

Au point de vue théorique, l'évolution humaine est amplement justifiée en tant que catégorie, nous voulons dire en tant qu'expression formelle d'une loi. En est-il de même de l'athéisme? Quelles sont donc ses lettres de crédit, les raisons sur lesquelles il s'appuie pour légitimer son existence? La première est la suivante : depuis son origine l'homme marche de plus en plus vers la négation de Dieu. Plus la science avance, plus Dieu recule. Dieu a été chassé des phénomènes de la nature : l'Olympe s'est vidé. Maintenant il est chassé du ciel où les télescopes des savants ne trouvent aucune place pour lui. De là à crier « Dieu se meurt, Dieu est mort » il n'y a qu'un pas. Les athées s'empressent de le faire.

Nous reconnaissons l'argument. C'est celui du positivisme, c'est la fameuse loi des « Trois Etats » d'Auguste

Comte, rajeunie pour les besoins du jour. Comte préten
dait établir que le développement humain, suivait inva
riablement trois étapes — l'âge théologique — celui d
la croyance en Dieu — l'âge métaphysique — celui de l
croyance en des forces supérieures — l'âge positiviste o
scientifique — celui de la croyance aux faits, aux phéno
mènes seuls. En d'autres termes, l'humanité aurait mar
ché d'un pas toujours égal de la religion à l'athéisme.

Et bien, c'est là un pur sophisme. Nous pourrions e
passant, montrer combien il est étrange de voir de
athées positivistes détruire une religion supérieure, pou
la remplacer par une inférieure, combien il est comiqu
pour ne pas dire plus, de voir des disciples d'August
Comte élever des chapelles où le culte de Dieu est rem
placé par celui d'un philosophe ou d'autres penseurs, e
où au lieu de dire que « Dieu nous soit en aide », o
prononce cette invocation : « Comte, ô mon Guide, mo
Maître ». Un tel fait semblerait tout au moins, prouve
que le sentiment religieux n'est pas précisément chos
facile à détruire et qu'il est passablement ridicule d
chasser Dieu de la conscience universelle, pour l'absor
ber dans la personne d'un philosophe.

Mais passons. Nous prétendons que l'affirmation athée
à savoir que l'évolution humaine nous amène à l'athéism
est un monstrueux sophisme. En effet, cette formule r
pose sur une confusion voulue, entre la religion et l
superstition. Que la superstition, que les croyance
absurdes et contraires à la raison, perdent chaque jou

du terrain, cela est indéniable, et les croyants sont les
premiers à se réjouir de la marche progressive de la
science, parce qu'ils se rappellent la parole du Maître
« La Vérité vous affranchira ». Qu'on ne vienne donc
pas nous répéter : la science est l'ennemie irréconciliable
de la religion. Oui certes, la science actuelle est l'ennemie
des religions antiques, comme de toutes les religions qui
veulent s'enfermer dans les tours d'ivoires du passé et
n'en sortir que pour lancer d'incessants défis à la raison
et à la conscience de l'homme moderne. Mais comment
serait-elle l'ennemie d'une religion qui, se plaçant sur le
terrain moral, sur celui des faits intérieurs, proclame à
la suite de Jésus, la nécessité de la réforme intérieure
pour parvenir au bonheur, et appelle tous les hommes à
la vie normale par une création morale, encore plus
mystérieuse et plus grandiose que la création physique,
et qui s'appelle la régénération? Non, la science et la religion ne sont pas opposées. Bien au contraire, ce sont
des alliées qui s'aident mutuellement pour parvenir à la
possession de la réalité supérieure. L'une, la science,
travaille sur les phénomènes physiques, sur les faits
passés ou présents, pour éclairer la marche terrestre de
l'homme. L'autre, la religion, travaille sur les phénomènes internes, pour provoquer les faits prochains, dic-
tés par la conscience, suivant le plan de l'idéal, afin de
préparer à l'homme un avenir de beauté et de bonheur.
Toutes deux s'appuient l'une sur l'autre. Quand la religion, en quête de l'avenir, travaillée par les problèmes

spirituels, menace de faire fausse route, la science inter-
vient pour la rappeler à la réalité et la remettre en présence des faits. Quand, au contraire, la science hésite au
bord de l'abîme insondable de l'inconnu, la religion s'ap-
proche pour lancer sur le vide qui fait frissonner l'homme,
le pont sublime de l'espérance et de la foi. Dans la religion moderne, science et foi sont inséparables. Elles sont
semblables à deux colonnes immenses que l'homme cons-
truit au jour le jour sans pouvoir encore les achever, et
en croyant même parfois qu'elles sont différentes, étran-
gères, opposées l'un à l'autre. Mais plus il y travaille,
plus il les élève dans l'infini, plus aussi il s'aperçoit que
peu à peu elles se rapprochent insensiblement, et qu'un
jour ces stèles gigantesques de la science et de la foi, sé-
parées à leur base, se rejoindront en une voûte harmo-
nieuse, indestructible, pour former le portique de la cité
nouvelle sous lequel se précipiteront les foules humaines,
avides de lumière et de justice divines.

Contrairement aux athées, nous affirmons donc que
plus l'humanité avance, plus elle devient avide de vie
supérieure, plus elle devient religieuse dans le sens
vrai et profond du mot. Nous affirmons, avec l'évolution elle-même, que si Dieu n'est plus pour nous,
comme pour les anciens croyants, dans les phénomènes
matériels, dans les forces physiques de la nature, et que,
s'il déserte même les églises infidèles à son esprit et les
âmes qui s'ensevelissent vivantes sous les ruines lugubres
et mortifères de l'athéisme, c'est tout simplement parce

qu'il se trouve dans une autre demeuré. Car c'est désormais au fond dé la conscience des hommes de bonne volonté, des hommes assoiffés de pureté et de justice, les hommes lancés éperdument à la poursuite de leur idéal, qu'il faut aller le chercher. C'est là qu'il s'est établi dans un asile inexpugnablé pour féconder éternellement l'esprit des hommes. C'est là qu'il faut se donner la peine l'aller le découvrir, en se baissant, en rejetant loyalement tous les voiles des préjugés et des ignorances, dans un effort semblable à celui de l'humanité croyante qui après vingt siècles, persiste encore — et pour cause — à saluer, avec une indicible reconnaissance, dans la personne si profondément humaine et divine du Christ, la création suprème de l'Esprit, l'apparition du grand initiateur de la vie normale, la venue de celui qui a ouvert au monde la voie royale de l'universel bonheur.

Voilà la réponse que nous pouvons faire au premier argument théorique des athées. Mais ces derniers ne sont pas au bout de leur défense. Quand, poussés dans leurs derniers retranchements, ils sont obligés de reconnaître que les croyants bien informés ont quelque raison de justifier leur foi par une expérience personnelle, toute intime, qui constitue un fait de conscience de premier ordre, ils se dérobent en s'écriant : « Mais précisément nous ne reconnaissons pas comme faits, c'est-à-dire comme

réalité acceptable, vos phénomènes de conscience reli
gieuse, ceux que vous appelez les faits spirituels. Nou
ne reconnaissons de valeur qu'aux faits matériels, à ceu
qui tombent sous le contrôle des sens ; quant aux autres
les faits dits religieux, nous ne les connaissons pas : bie
plus, nous leur dénions toute réalité, puisque nous
athées, nous ne les observons pas en nous-mêmes. »

Voilà une méthode simpliste qui ne manque pas d'ori
ginalité. Avec elle le problème de la connaissance ser
vite résolu. Ne sera déclaré réel, que ce qui aura été
contrôlé par nos cinq sens — car il ne faudra plus parle
de sens moral. — Ce sera le cas de répéter un mot fa
meux, en le sollicitant un peu : « Chaque individu ser
pape sa sensation à la main. » A ce compte là un aveugle
pourra décréter que la lumière n'existe pas : son affir
mation, au point de vue de l'existence de la lumière,
aura autant de valeur que celle d'une personne qui
voit. Et si d'aventure les aveugles sont la majorité, ils
pourront proclamer l'inexistence de la lumière qui devra
être irréelle parce que Messieurs les aveugles sont hors
d'état de la percevoir. Dans la vie psychique, il en sera
de même. Sera irréel, tout ce qui ne sera pas accessible
au sens. Mais alors où classera-t-on tous les sentiments
humains, toutes les idées des créatures pensantes ? Dans
la réalité ou l'illusion ? Réel ou illusoire, le respect dû à
tout être vivant ? Réel ou illusoire, l'amour insondable
de la mère pour l'enfant vers lequel elle se penche dans
son geste sublime de protection et de tendresse ? Réel

ou illusoire le sentiment de justice qui pousse inlassable-
ment l'humanité à l'assaut de toute les souffrances, de
toutes les iniquités ?

Mais sans nous servir du raisonnement par l'absurde,
examinons de plus près le second argument. De quel
droits les athées refusent-ils aux phénomènes spirituels,
aux expériences de la conscience, la qualité de fait, la
réalité que l'on doit accorder à toute manifestation phé-
noménale, quel que soit l'ordre auquel elle appartienne.
S'ils étaient vraiment partisans de la méthode scientifique, ils sauraient que les faits dits matériels, sur lesquels ils échaffaudent tout leur système de négation, ne
constituent de plus en plus aux yeux de la critique ra-
tionnelle qu'une formule battue en brèche par la science
elle-même. Ils méditeraient des paroles comme celles de
M. Armand Sabatier qui écrit dans sa « Philosophie de
l'effort » : « Il semble résulter de l'exposition des faits et
des discussions scientifiques, que la science de la matière
et de ses énergies est en voie de transformation, et que
le sens dans lequel semble s'orienter les tendances de la
physique et de la chimie est plutôt vers une reconnaissance de l'importance et de la primauté de l'énergie,
une constatation de l'activité permanente et sponstanée
des constituants de l'univers sensible, l'affirmation de
l'énergie comme dominante et comme facteur principal,
tandis que l'idée de matière comme substance, comme
entité autonome, indépendante et comme source des
énergies, semble faiblir et subir une éclipse qui pourrait

bien aboutir à sa disparition. Par là, se prépare et s'acclimate dans l'entendement, la conception de l'énergie libre et émancipée, pour laquelle la matière n'aurait été qu'une forme contingente et passagère, figure sensible, produit de certaines formes de l'activité même de l'énergie. » Ils apprendraient ainsi que le vieux système matérialiste lézardé de toute part, est en train de tellement bien s'écrouler, qu'il n'y a plus guère que les esprits mal informés ou fanatiques pour dénier aux faits spirituels le droit à l'existence réelle.

Jusqu'à présent ces faits échappent aux investigations de la science, qui ne peut qu'effleurer et généralement très lourdement, la surface de la vie interne si riche, si profonde. L'heure n'est pas encore venue, et sans doute elle est encore bien lointaine, où les faits religieux, trouveront leur place légitime dans les constructions rationalistes. Depuis que le sentiment religieux a fermé, avec raison, tout le vieil arsenal de preuves de l'existence de Dieu, qui ne pouvaient rien du tout, pour se placer sur le terrain de la seule expérience personnelle, la vie religieuse gagne en profondeur ce qu'elle perd momentanément en surface, en sorte que les faits spirituels sont appelés à prendre une importance toujours plus grande comme facteurs de l'évolution humaine. N'est-ce pas du reste un juste retour des choses et une victoire de la raison sur l'obscurantisme des ignorantins prétendus laïcs. Comment dénier le titre de faits réels aux expériences intimes, à des phénomènes aussi visibles,

aussi manifestes que ceux du repentir et de la conver-
sion. « A toute attitude de l'esprit, morale ou religieuse,
écrit W. James dans son « Expérience religieuse », cor-
respond un objet qui occupe le champ de la conscience
et qui possède à nos yeux une existence réelle ou idéale.
Un tel objet peut être présent à nos sens, ou seulement
à notre pensée. Dans les deux cas, il provoque en nous
une réaction. Or, il est reconnu que bien des objets pu-
rement intellectuels provoquent une réaction aussi forte,
parfois plus forte que les objets sensibles. » Qu'on ne
vienne pas nous dire que l'expérience religieuse est
quelque chose de très vague, de très obscur. Non, elle
est au contraire quelque chose de moralement très clair
que chaque conscience non seulement trouve en soi, mais
encore dans d'autres consciences éveillées à la même vie
de l'esprit. Quoi de plus clair que le besoin de réforme
interne, que l'aspiration au bien, que la soif du salut
qui n'est autre que le désir intense de l'émancipation
du pesant esclavage de toutes les formes de l'égoïsme ?
Ce sont là des mouvements de l'âme, aussi réels que le
mouvement des corps. L'élévation dans la prière, l'ascension de l'âme d'un croyant dans le monde invisible de la
pureté et de la paix où il entre en contact avec la réalité
divine est un fait aussi réel que l'ascension dans l'atmosphère d'un corps plus léger que l'air. Le renouvellement
des forces morales puisées auprès du Christ qui demeure la
source inépuisable, le type de l'énergie humaine exaltée
jusqu'au sublime, n'est-il pas un fait aussi naturel que la

prise d'énergie d'un moteur électrique entrant en contact avec la source énergétique ? Car on ne peut mettre en doute ce dont on a éprouvé la réalité en prenant conscience de soi-même.

La seconde objection des athées, la fin de non recevoir qu'ils opposent à la réalité des faits religieux, ne se justifient devant la raison pas davantage que leur première argumentation.

Qu'est-ce à dire ? Sinon qu'au point de vue de la raison théorique la thèse de nos adversaires est insoutenable, qu'il est impossible de faire de l'évolution humaine un succédané de l'athéisme. Bien au contraire, une observation historique et impartiale nous conduit à affirmer que la croyance en Dieu, que la foi évangélique, que la confiance en un Idéal vivant à la fois accepté et créé par l'homme normal, sont des puissances d'évolution historiques, bienfaisantes, indispensables au monde, dans l'avenir comme dans le passé, en sorte que nous pouvons saluer en ces maîtresses de notre destinée les signes révélateurs de la véritable nature de l'homme, les grandes forces mystérieuses de la vie, qui créatrices infatiguables enfanteront, après un long et patient labeur, l'Humanité de demain.

Il nous faut maintenant examiner la thèse au point de vue de la raison pratique. Sous cet angle pourra-t-elle soutenir l'attaque avec plus de succès ? A priori pourrions-nous en douter, car il est dans l'ordre logique qu'une théorie rationnellement fausse, ne saurait avoir que des conséquences pratiques également fausses. Le moins ne saurait produire le plus, ni les ténèbres créer la lumière. Mais ne préjugeons pas. Examinons impartialement. La question se présente à nous sous cette forme : au point de vue de la raison pratique, l'athéisme est-il compatible avec l'évolution.

Ici nous allons juger l'athéisme, non plus par des idées, mais par des faits ; nous allons le citer, non plus à la barre du tribunal de la raison pure, mais à celle de l'action morale. Désormais, nous n'avons plus d'autre critère à lui appliquer que celui de son influence efficiente. C'est dire que nous voulons le juger par ses conséquences sociales : « On juge l'arbre à ses fruits. »

Or, l'évolution sociale tend à mettre de plus en plus en évidence la valeur humaine. Elle nous achemine vers un respect toujours plus grand, de la personnalité qui se dégageant peu à peu des brumes de l'inconscience en arrive aujourd'hui à proclamer ses droits imprescriptibles. Nous apprenons à voir dans les êtres les plus humbles, ce que Jésus-Christ appelle dans son langage de douceur et de dignité « un enfant de Dieu », c'est-à-dire, non plus seulement un mécanisme physique, mais encore, mais surtout une nature complète, douée de sensibilité, de raison, de conscience, aspirant au bonheur, passionément désireuse de réaliser son être dans tous les domaines qui lui sont accessibles, matériels, intellectuels, esthétiques, moraux et religieux. Jamais l'homme

n'a revendiqué avec plus de force, ni d'âpreté qu'aujour
d'hui, ses droits multiples : droit au bien-être, droit
l'instruction, droit à la liberté d'association économique
politique ou religieuse. La courbe du progrès humai
monte toujours plus dans la direction de la vie normale
et s'il fallait la caractériser brièvement, nous dirions qu
l'évolution sociale tend à se réaliser sur le triple aspec
de la liberté, de la justice, de l'amour fraternel. Voyons
comment l'athéisme peut se concilier avec ces trois idée
centrales et quel secours il leur apporte pour les aider
se réaliser.

En premier lieu, l'évolution sociale nous met en pré
sence de la marche progressive de la justice.

L'histoire humaine nous montre que si à travers toute
les luttes, toutes ses souffrances, l'humanité n'avait pa
été perpétuellement soutenue par un effort intérieur,
elle n'avait pas sans cesse entrevu dans les brume
d'un avenir lointain les formes imprécises et fuyante
d'une Justice supérieure, si elle n'avait pas eu l'appui d
consciences d'élite pour produire à la lumière les protes
tations, les revendications de la justice blessée, l'effo
humain serait resté stérile, le ressort interne se sera
brisé, le progrès immobilisé et la société demeurerai
à jamais enlizée dans un marais stagnant où nul courar
ne se ferait sentir,

L'évolution sociale qui établit ainsi la justice sur le roc même de la conscience, a-t-elle beaucoup à espérer du développement de l'athéisme ? En d'autres termes, la justice serait-elle en fonction de l'athéisme ? Peut-on constater que plus les hommes sont athées, plus aussi ils sont justes ?

Nous ne le croyons pas, nous sommes même fermemement persuadés du contraire. Oh ! sans doute il ne faut pas être partial ! Nous n'éprouvons aucun embarras à reconnaître que les athées réclament la justice ! Mais est-ce bien elle qu'ils demandent ! Quelle est celle qu'ils désirent ? Est-ce la justice, la seule possible, la seule conforme au progrès humain, celle qui a ses racines dans le respect de la personne humaine, qui met à sa base l'observation rigoureuse du droit d'autrui, celle qui a reçu sa formule définitive dans la règle d'or : « Ne fais pas à autrui ce que tu ne voudrais pas qu'on te fît » ? Hélas non, car le respect de la personnalité constitue quelque chose de trop vague, de trop insaisissable, de trop invisible pour des athées avides de choses tangibles. Car ces hommes qui prennent tant de plaisir à railler la foi chrétienne à laquelle ils attribuent libéralement un esprit bassement utilitaire, ces hommes s'entendent à merveille, ó la douce ironie des situations, à faire triompher sur cette terre leurs intérêts les plus immédiats. Pour eux, la justice, ah ! il faut bien se garder de la fonder sur la conscience et ses droits sacrés. Il faut, au contraire, l'établir sur l'intérêt particulier de sa personne, de son parti, de sa coterie politique, de sa classe. Peu importe que le triomphe de l'égoïsme individuel ou collectif lèse les droits des autres ! La sublime maxime de la Déclaration des droits de l'homme et des citoyens n'est pas pour les athées. Aveugles ils sont, aveugles ils restent. Faut-il s'étonner, si dans leur camp l'image altière et sainte de la justice devient une mesquine caricature faite à leur mesure ? Faut-il s'étonner s'ils deviennent les pires intolérants modernes. Car leur esprit s'habituant à ne tenir aucun compte des droits des personnes qui ne partagent pas leur étroitesse, méconnaissant partout le respect des individualités, n'est autre chose que l'esprit de domination. C'est l'esprit d'un cléricalisme nouveau qui a emprunté à l'ancien sa méthode, ses procédés, sa violence, et qui, au mépris de la justice même, instaure à nouveau, la loi de l'humanité primitive, la loi du plus fort, et rétablit comme règle sociale l'odieuse formule, qui est un crime de lèse-humanité : « La force prime le droit ».

Dès lors nous comprenons ce mouvement d'intolérance éhontée de l'athéisme, qui n'est autre qu'une des violations historiques les plus coupables de la loi d'évolution de la Justice. L'athée moderne, devient le pire des sectaires. Il n'a aucune idée de la dignité humaine et des égards qui sont dûs à des êtres raisonnables. Il n'a d'affection, il n'a de sympathie que pour ceux qui lui ressemblent en endossant servilement la commune livrée de la secte.

Qu'il ne vienne pas pour s'excuser, répéter que la religion, elle aussi, a été intolérante, qu'elle a persécuté dans le passé. Car nous soumettrions à sa réflexion le mot de Taine s'écriant avec horreur, à propos des athées et des libres-penseurs de la Révolution, qui n'hésitèrent pas à massacrer, à égorger, à exécuter par milliers leurs propres concitoyens : « Il leur semblait que l'arbre de la Liberté ne pouvait pousser que dans dix pieds de sang humain. »

Au reste, la religion dans son essence n'est pas intolérante. Preuve en est : la personne de Jésus. Ceux qui ont persécuté, ce sont des hommes prétendus religieux et qui n'ont pas hésité à commettre l'acte dont ils portent lourdement la responsabilité devant l'histoire, le crime odieux de faire servir l'idée de Dieu au triomphe de leurs intérêts ecclésiastiques, et de leur esprit de domination contraire au véritable esprit religieux. Cela est si vrai, que les croyants modernes réprouvent hautement tous les actes d'intolérance de l'Eglise. Nous n'en voulons comme témoignage éclatant, que le monument expiatoire élevé à Genève par le protestantisme, à la mémoire de Servet, monument par lequel la conscience chrétienne protestante affirme, dans un acte encore unique dans les annales des religions et des partis modernes, qu'elle réprouve le crime de l'un des siens et flétrit à tout jamais, l'acte d'intolérance de Calvin.

Comment donc les athées qui prétendent être à l'avant-garde du progrès osent-ils être encore intolérants ? Par suite de quelle impudence sans nom osent-ils être encore intolérants, et justifier l'injustice, alors que la conscience chrétienne qu'ils trouvent rétrograde, en a fait justice. Car les athées ne peuvent nier qu'ils soient intolérants. Il suffit pour s'en convaincre de les voir agir, de les entendre parler. Leurs chefs ne se font pas faute de nous avertir des sentiments qu'ils nourrissent contre les croyants. L'un d'eux a donné la mesure de l'esprit de justice des athées en stipulant dans cette formule lapidaire le genre de respect qu'ils entendent témoigner aux chrétiens : « Respectons pieusement les temples à la condition qu'ils soient vides ». Un autre déclare pompeusement « que la République et le progrès seront à l'abri de tout danger lorsque les croyances religieuses auront disparu de l'humanité. Le christianisme, ajoute-t-il, a, pendant quinze siècles empoisonné le monde. Il n'est pas besoin de ménagements pour se défaire de cette lèpre ; on ne fait pas de l'antisepsie avec des gants. Il faut combattre les religions, comme on combat l'alcoolisme, la tuberculose, la peste bubonique. » Voilà l'intolérance de l'athéisme moderne dans toute sa splendeur.

Sans doute l'impartialité nous commande de dire, que pour l'honneur de la pensée contemporaine, il y a certains libres-penseurs indépendants qui condamnent une injustice semblable. Mais ils ne sont que peu nombreux, et commencent à être regardés comme suspect par la masse des athées. C'est l'un de ces indépendants qui adressait aux Libres-penseurs réunis au Congrès de Genève, ces aver-

issements salutaires : « A quoi bon aller à Rome en
904, si c'est uniquement pour y étaler la forme la plus
euve du sectarisme — si tant est qu'elle soit neuve —, le
ectarisme de la négation, pour y tenir le concile de
athéisme orthodoxe, pour rassurer l'Eglise romaine, en
ui montrant que son enseignement séculaire n'a point été
ain, qu'il a si bien pénétré les esprits que ses adver-
aires ne peuvent que lui renvoyer sa propre image, une
aricature de son dogmatisme et de son intolérance. »
Ialheureusement ces conseils sont peu écoutés et, en 1905,
ous assistions, à Paris, lors du Congrès international
e la Libre-pensée, à une nouvelle et caractéristique ma-
ifestation de l'intolérance athée. Nous y avons vu de-
ander « l'établissement d'un cadre étroit en dehors
uquel nul ne pourra se dire libre-penseur ». Un autre
thée réclame un catéchisme spécial pour la propagande
e l'athéisme : « Faisons, s'écrie-t-il, un catéchisme ci-
ique, compendium scientifique ». Enfin, et pour termi-
er, car on n'en finirait pas, s'il fallait relever toutes les
ffirmations sectaires du Congrès de Paris, voici un frag-
ent du discours de l'un des plus farouches congres-
istes qui ne nous laisse aucun doute sur l'état d'esprit
es athées : « Appliquée aux régressifs, aux fauteurs de
ottises et de crimes, la tolérance n'est plus de mise dans
ette lutte finale entre la raison et la démence, entre la
oi inepte et le savoir pacifique , entre le sacerdoce et la
ibre-pensée. N'épargnons pas l'ennemi, chassons-le
omme un danger public. » Et le pire malheur, c'est que

cette intolérance ne reste pas à l'état théorique. Elle pé
nètre dans le corps social tout entier. N'est-ce pas tou
récemment que nous avons vu la Chambre consultativ
des associations de production exclure de son sein deu
coopératives, la Solidarité et la Coopérative des char
pentiers de fer de Plaisance, parce que leurs membre
étaient catholiques ? N'est-ce pas tout récemment qu
nous avons vu se fonder une Œuvre de bain de mer —
genre colonie de vacances — dont les bienfaits ne son
réservés qu'à ceux qui font preuve d'athéisme ? N'est-c
pas tout récemment que nous avons vu certains éduca
teurs de la jeunesse, transformer la chaire neutre e
laïque de l'Ecole en chaire d'hostilité religieuse. N'est-c
pas tout récemment enfin, qu'une société athée du Mid
présentait à l'un de ses congrès le vœu cynique que l
recrutement des fonctionnaires ne pût se faire à l'aveni
que dans les rangs des libres-penseurs. Vraiment o
chercherait en vain une différence entre le cléricalism
du Syllabus romain et celui de la Libre-Pensée. Jadis, i
fallait passer sous les fourches caudines de l'Eglise sou
peine d'être retranché de la société des vivants. Demain
au train dont vont les choses, il faudra répéter docilemen
les formules du catéchisme de la Libre-Pensée, sous pein
d'être traité comme suspect, comme un paria, comme u
être malfaisant barrant la route du progrès.

Or, voilà qui est inadmissible; voilà contre quoi pro
teste le sentiment de la justice. Comment la Révolutio
aurait détruit l'arbitraire, aurait supprimé les castes

renversé les barrières élevées par l'esprit de classe, placé tous les hommes sous l'égide de la Justice, pour que nous voyions en plein vingtième siècle, les athées travailler à la reconstitution de ce même arbitraire , de ces mêmes barrières, et placer les hommes sous la dépendance de l'injustice et du bon plaisir de l'esprit sectaire ? Non cela ne sera pas , car il n'est heureusement pas au pouvoir de l'homme de faire violence aux lois de l'évolution. L'évolution sociale, nous conduisant à une justice toujours plus grande, et d'autre part, l'athéisme nous éloignant de cette même justice en en violant le principe même qui est le respect des droits de la personne humaine, nous sommes en mesure de dire que, sur le terrain des faits, il ne saurait y avoir entre eux aucune solidarité. Au contraire, au jour où l'âme populaire, mieux informée, repoussera les sophismes dont on voudrait la nourrir, il surviendra entre eux une rupture définitive, une opposition irréductible. Le peuple comprendra que la justice sociale elle-même ne peut s'établir avec l'aide de ceux qui érigent l'injustice en règle pratique. Il s'apercevra que la transformation totale de la société actuelle ne saurait surgir des consciences émasculées par l'athéisme pratique. Dès lors, il faudra renoncer à ce chantage moral , à ce jeu puéril de vouloir fondre en une seule la marche à reculons de l'athéisme, avec la marche en avant de la justice.

Echouant dans son effort pour jouer partie liée avec la justice, l'athéisme serait-il plus heureux vis-à-vis de la seconde forme de l'évolution sociale, vis-à-vis de la liberté.

L'évolution nous montre la marche ascendante de l'homme vers la liberté, ses efforts, pour se dégager de tout ce qui empêche les modes de son activité et même de tout ce qui menace de les entraver. Serait-il donc exact que la liberté fût en fonction de l'athéisme ? Suivant la formule libertaire « Ni Dieu ni Maître », serait-il vrai que plus on est athée, plus on est libre ? Nous pourrions en passant souligner l'étrangeté d'une pareille prétention. En effet, l'athéisme impliquant le matérialisme ou tout au moins le déterminisme, avant de parler de liberté, il faudrait commencer par y croire, et par conséquent renoncer à l'athéisme. Mais passons, nous ne sommes plus maintenant dans le domaine de la logique, mais dans celui des faits. Voyons donc un peu ce que l'athéisme fait de la liberté, et quels sont ses rapports avec les deux manifestations les plus importantes de la liberté : la liberté de pensée ou de conscience, et la liberté d'association.

Pour ce qui concerne la liberté de pensée, on se demande avec stupéfaction comment peuvent s'en déclarer les champions, des hommes qui la nient en toute circonstance, et veulent imposer leurs idées en se croyant les détenteurs de la vérité absolue. Est-ce donc être libre-penseur que d'affirmer qu'on ne peut croire en Dieu sans être un faible d'esprit ou un scélérat? Est-ce donc être libre-penseur que d'accepter sans contrôle les dogmes nouveaux de l'athéisme ? Est-ce donc être libre-penseur que de déclarer que « le sentiment religieux est une maladie morale, dangereuse, épidémique, et qu'il faut le détruire au même titre que le choléra? » Est-ce donc être libre-penseur que de s'écrier, comme on l'a fait au Congrès de Paris : « Il faut que l'Eglise disparaisse, moi je crie : Mort à l'Eglise ». Liberté de pensée, cela ! Mille fois non. Esclavage de la pensée ! oui. — Mise en tutelle de la raison sous le joug de la négation sectaire ! Mais de la liberté de pensée — jamais. — Les penseurs libres ne repoussent pas les dogmatiques intolérantes pour faire peser ensuite sur leur intelligence le dogme de l'athéisme,

Une seconde liberté essentielle, que les athées s'empressent de supprimer, tout en la proclamant, c'est celle qui est à la base même de la vie sociale, et qui s'appelle : la liberté d'association. Oh ! entendons-nous bien. Les athées ne nient pas la liberté d'association ; ils la veulent bien mais pour eux, et se bornent seulement à vouloir l'enlever aux autres, ou tout au moins à la restreindre tellement qu'elle soit une entrave plus qu'une aide. En ce sens, les athées sont frères de lait des cléricaux qui disaient autrefois avec Veuillot aux libéraux : « Nous vous réclamons la liberté au nom de vos principes, nous vous la refusons au nom des nôtres.» En effet, les athées veulent bien pour eux la liberté d'association. Ils en profitent largement, sans être inquiétés par les autorités civiles. Ils jouissent libéralement de la liberté d'association et de culte dont certains demandaient tout récemment, contre l'Eglise seule, et avec une violence inouïe, la suppression pure et simple par l'Etat.

Nous disons qu'ils jouissent de la liberté de culte. Ce faisant, nous ne jouons par sur les mots, car les athées profitent bel et bien des lois de liberté pour établir un culte laïc. Nous n'exagérons pas. Pour s'en convaincre, il suffit de lire le Guide des cérémonies civiles paru en 1902. Là sont décrites tout au long les solennités laïques qui doivent remplacer les cérémonies religieuses. Nous y trouvons la cérémonie du baptême civil à l'immortelle rouge, la cérémonie de la communion civile, ou fête de l'avènement au rôle de citoyens et citoyennes des jeunes filles de 15 ans et des jeunes gens de 18 ans ; la cérémonie du mariage civil, des obsèques civiles dans lesquelles, tout en niant la vie éternelle, on parle au défunt comme s'il était vivant. Mais ce n'est pas tout. Les athées ont encore d'autres cultes laïcs ; ils sont allés jusqu'à célébrer la fête de Noël, comme les chrétiens ! Toutefois ils en changent le nom, et l'appellent pompeusement « la Noël humaine, Les nativités de la Pensée ». Ils célèbrent le Vendredi-Saint, à leur manière ; ils célébrèrent un jour la Pâque pour leur fête de la Raison. Et ce sont ces hommes qui usant — et c'est leur droit — d'une liberté d'association aussi grande, veulent entraver le développement des groupements religieux.

Ce sont ces hommes qui, jouissant de leurs droits naturels, veulent enlever aux groupes religieux le droit de secourir légalement leurs pauvres et de s'associer pour soulager leur misère ! Ce sont eux qui veulent spolier les associations cultuelles en leur enlevant les biens qui appartiennent aux œuvres de charité ; ce sont eux qui administrant leurs finances comme bon leur semble, veulent empêcher les chrétiens d'assurer l'avenir de leurs églises ! Ce sont eux enfin qui, jouissant dans leurs réunions publiques d'une liberté de langage illimitée, d'un droit de critique souvent violent vis-à-vis du gouvernement, réclament des amendes et même de la prison pour les croyants qui oseront soumettre les actes de la vie publique au jugement de la conscience populaire ! Décidément, c'est à croire que l'esprit de liberté n'est pas fait pour s'établir sur notre planète. Par amour des âmes, Torquemada torturait, emprisonnait, brûlait. Par amour de la liberté, les athées veulent étrangler la liberté des croyants.

Nous sommes donc en droit de dire que l'athéisme, loin d'aider l'évolution à faire triompher les idées de liberté, travaille sans s'en douter à les mettre au tombeau. Son erreur capitale, on pourrait presque dire son crime, est de transformer la liberté en licence. Hélas, il n'y a pas de doute à avoir à ce sujet. Ce sont bien des athées qui, au jour de l'inauguration de la statue du Chevalier de la Barre en 1905, inondaient Paris d'une multitude de petits papiers gommés, sur lesquels se lisait cette adresse au peuple : « Il faut être fou pour avoir des idées de divinité, de patrie, et de loi. » Il n'y a là rien de bien étonnant. Un athée actuel ne comprend pas, qu'être libre, ce n'est pas être sans loi, mais c'est obéir au contraire à la loi de son être. Etre libre, en effet, ce n'est pas s'abandonner à ses caprices, à ses violences, ce n'est pas se disperser dans la folie de ses impulsions sans suite, car en ce cas l'esclavage ne serait que plus sûr parce qu'intérieur. Etre libre, c'est vouloir l'être, c'est se créer soi-même en faisant de ses actes l'expression d'une volonté consciente, continue, c'est édifier en soi, la force morale qui seule nous fait invincible. La liberté, c'est le triomphe de la raison sur l'instinct, de l'ordre sur l'anarchie, c'est l'affranchissement de l'être, la perpétuelle conquête de l'homme sur l'animal qui recule dompté. La liberté, c'est la victoire de toutes les forces supérieures de l'homme sur les puissances malfaisantes qui voudraient arrêter son évolution. La liberté, c'est l'ascension humaine vers l'activité normale et divine, et c'est pourquoi entre la liberté et l'athéisme, il ne saurait rien y avoir de commun.

L'évolution humaine nous met enfin en présence d'une troisième forme du devenir social, la forme la plus élevée, celle qui peut-être aura le plus de peine à se réaliser, mais en tout cas, celle qui donnera la clé de tous les problèmes qui tourmentent l'humanité, nous avons nommé :

la Fraternité. Eh bien, quel secours la fraternité peut-elle attendre de l'athéisme ? Est-il exact que plus on est athée, plus aussi on aime, plus on est fraternel ? Oh ! nous savons, qu'ici nous trouverons à nouveau le sophisme athée qui nous dit : la religion est un obstacle à la fraternité puisque les Eglises par les persécutions ont été une école de haine.

Mais c'est là l'éternelle confusion, familière aux incrédules et exploitée à satiété par eux. Nous déclarons, nous croyants, que la religion, loin d'être une école de haine, est au contraire une école de support mutuel, et que, — malgré les fautes des hommes qui se sont servi d'elle d'une façon odieuse, pour dominer leurs semblables, — elle a travaillé plus que tous les autres facteurs humains aux triomphes futurs de l'amour. Le croyant qui prend pour devise celle de Christ : « Dieu est amour », peut et doit plus que tout autre travailler à l'établissement du règne de la bonté. S'il ne le fait pas, c'est qu'il n'est qu'un hypocrite qui se sert du pavillon religieux pour couvrir son inavouable marchandise.

Cette distinction faite, voyons rapidement si l'athéisme au lieu de nous conduire à la fraternité n'a pas, au contraire, une grande part de responsabilité dans les tendances haineuse de notre époque.

Qui donc, en effet, reprenant la vieille méthode de l'Eglise romaine, qui donc apprend, par ses doctrines mêmes, à détester non les idées, mais surtout les représentants des idées ? Qui donc donne l'habitude au peuple de haïr non pas les théories, mais les hommes ? Qui donc a mis à l'ordre du jour la théorie criminelle de la lutte des classes, conseillant aux hommes de s'armer les uns contre les autres, de lutter, classe contre classe, comme les bêtes fauves, comme les primates de l'âge préhistorique, en oubliant que le chemin du bonheur social ne saurait passer sur des cadavres ? Qui donc ose haïr assez, pour aller jusqu'à agir comme les fanatiques de Genève, qui, il y a quelques mois, promenaient la lanterne rouge jusque dans un temple, en hurlant des chansons obscènes sur des airs de cantiques. Qui donc s'enivre de haine, au point d'oser écrire ces paroles monstrueuses : « Contre le prêtre tout est permis, car la civilisation est en droit de légitime défense; elle ne lui doit ni ménagement, ni piété. C'est le chien enragé que tout le monde a le droit d'abattre, de peur qu'il ne morde les hommes et n'infecte les troupeaux.... Exclusion, ostracisme, prison perpétuelle, bagne et cachots, tout est bon, tout est légitime contre lui. Discuter avec ça ! Non, mais le museler, mais le mettre à mort; car la peine capitale, si odieuse qu'elle soit, n'est pas trop forte pour cet empoisonneur, plus effrayant que Borgia, plus infâme que Castaing. Le respect de la vie humaine cesse envers ceux-là qui se sont mis volontairement hors de l'humanité. » Qui parle ainsi ? Ce sont les athées. Ce sont eux qui font appel à la haine, pour faire triompher leurs doctrines néfastes, eux qui cherchent à réveiller en l'homme, tout le vieux fond de brutalité, tous les instincts sauvages qui dorment encore en nous. Ce sont eux qui cherchent à emprisonner l'humanité entre quatre murs de haine ! Oh ! quel bagne infernal que celui de la violence, quels liens que ceux de cette haine, de cette rage meurtrière, incapable de fonder quelque chose de durable ! Quelle famine du cœur, quel dessèchement de tout l'être chez ceux qui chaque jour mangent le pain de la rancune trempé dans un breuvage de fiel ! Et ces hommes affichent la prétention de nous conduire vers la Fraternité ! Mais il faudrait être insensé pour les suivre. Car l'humanité parviendra sur les cîmes sereines de l'amour, non en marchant derrière ceux qui manient la haine comme une arme redoutable, mais en suivant celui qui l'a aimée jusqu'à donner sa vie pour elle.

Nous voici au terme de l'examen de l'athéisme soumis à la critique des faits. Nous devons reconnaître qu'il ne sort pas plus victorieux de ce second examen que du premier. Bien au contraire, nous touchons maintenant du doigt l'antinomie radicale de l'athéisme et de l'évolution humaine. Nous avons vu clairement les conséquences sociales néfastes de la doctrine athée. Nous avons constaté qu'elle est non pas une puissance de progrès, mais une force nettement destructive, un élément indéniable de désagrégation sociale, puisqu'elle dénature et ruine les idées de justice, de liberté, de fraternité.

Facteur de désagrégation sociale, l'athéisme est encore et ce sera notre dernier mot, un facteur de désagrégation morale. Cette accusation est là plus grave de toutes. Est-il difficile de la justifier ? Hélas ! non. Car l'athéisme amoindrit et abaisse la vie de parti pris, par cela même qu'il cherche le réel et le permanent de l'homme dans l'instinct et les forces inférieures. Pour lui, nos sentiments, nos désirs, nos pensées, nos volontés sont déterminées par une inéluctable nécessité. Nos actes ne sont que les produits naturels de nos dispositions, de nos tendances héréditaires, de notre tempérament, des influences de notre milieu. En conséquence plus de distinction entre le bien et le mal. Conclusion redoutable pour la vie et l'évolution morale de l'humanité. Car une philosophie, qui nous abaisse jusqu'à l'animalité, qui supprime là vision du bien et du mal, a pour résultat la dissolution et la corruption de l'humanité. Les théories qui anéantissent la vraie nature de l'homme, sa dignité, sa grandeur ascendante, ne sauraient lui apporter ni lumière ni vérité. Cela est une évidence, une vérité de fait : on ne discute pas sur la valeur d'une atmosphère viciée, peuplée de microbes pathogènes qui sèment partout la maladie et la mort. Pour l'athée, l'égoïsme devient la raison pratique, le dévouement une sottise, le sacrifice une duperie. L'égoïsme et l'orgueil règnent seuls en maîtres incontestés dans son âme desséchée. Son intelligence, son instruction, sa science même ne servent qu'à satisfaire tous les calculs de son ambition. Dénué de respect pour le passé, pour la tradition qui lui permet encore d'exister moralement, dépourvu de scrupules et de délicatesse de cœur, il joue avec les vérités intangibles, avec les sentiments sacrés ; il exploite sa science comme une denrée et vend sa conscience s'il en trouve le prix auquel il l'estime. Nous le voyons de nos jours, symbole vivant de l'humanité sans idéal et sans Dieu, nous le voyons partout, dans les groupements sociaux ou politiques, sur le banc des gouvernements comme dans les comités de petites sectes ou des grandes chapelles de l'arrivisme moderne, nous le voyons, infidèle au besoin à ses promesses, se lancer avec une âpreté cynique, à la curée des intérêts, des situations, des honneurs. Que lui importe ? Il n'a pas de caractère, il n'a aucun principe supérieur à l'intérêt, aucune idée directrice vers le bien, vers le vrai !

Or, nous ne saurions nous contenter d'une philosophie pareille. L'athéisme ruine l'idéal, il chasse de l'esprit les grands rêves et les grandes espérances ! Il ne supprime aucune des raisons que la conscience humaine peut avoir de se consoler et d'espérer ! C'est assez pour que nous les mettions nettement au rang des ennemis de l'âme humaine. Car pour nourrir la conscience, pour mettre en valeur toutes les énergies fécondes qu'elle porte en elle, pour lui permettre d'acquérir le développement normal de toutes ses virtualités indéfinies, il faut autre chose que des négations, que les horizons rapetissés de l'égoïsme humain. Ce qu'il lui faut, ce sont les certitudes vivantes de la vie spirituelle. Ce qu'il lui faut, c'est la grande trouée bleue dans le ciel, ce sont les réalités puissantes de la foi qui lui permettent de chercher dans le monde et au plus profond d'elle-même, le secours indéfectible de toutes les traces de la Divinité vivifiante pour lutter contre les forces qui écrasent et qui tuent. Oui, tant que l'on n'aura pas appris aux hommes à « chanter à l'Eternel un cantique nouveau » tant que l'on n'aura pas appris un nouveau chant d'espérance infinie, ils auront besoin d'être bercés par la vieille et sublime chanson qui donne aux générations humaines, la force et l'idéal qui les font vivre. Toujours aux heures où elle est plongée dans la nuit, où elle est assaillie par la tourmente, l'humanité désemparée aura besoin, pour ne pas sombrer dans le néant, de se tourner vers la source de vie, de s'arrêter immobile sur le seuil de l'inconnu pour se recueillir, pour entendre monter des régions invisibles le mystérieux appel de l'Esprit, pour s'élancer à sa rencontre avec l'élan de tous les croyants, de tous les ouvriers constructeurs infatigables de la cité de demain, qui répéteront sous une forme ou une autre, avec une ardeur inexprimable, le chant d'espérance et de triomphe de la croyance, le chant d'ascension de l'âme humaine :

> Prends ô mon âme les ailes de la foi !
> Vole au-dessus des monts et des vallées,
> Chante à travers les plaines étoilées
> Plus près de toi mon Dieu, plus près de toi.

Faillite sur le terrain de la pensée théorique, faillite sur le terrain social, faillite sur le terrain moral : tel est le bilan de l'athéisme. Nous l'avons vu et nous le répétons en terminant. C'est la plus colossale des erreurs, le plus dangereux des sophismes, que de vouloir lier indissolublement l'évolution humaine à l'athéisme. Entre eux aucune union n'est possible, tel le mariage des ténèbres et de la lumière. Le sentiment n'us dit que l'athéisme et l'évolution humaine forment les deux termes d'une antinomie irréductible. La raison l'affirme, la conscience le crie, l'histoire le proclame. Car l'histoire nous enseigne non pas la régression de l'homme vers le néant, mais sa marche vers la réalisation de la plénitude de son être. Elle nous apprend que tout progrès, que toute émancipation, que toute révolte contre les ignorances, les erreurs, les tyrannies internes ou externes, elle nous apprend pour tout dire en une seule formule que l'évolution humaine toute entière, s'est faite au nom des idées, des sentiments, de la vie dont le Christ a été l'expression unique et souveraine, au nom des forces enfantées, au fond de la conscience de l'homme faible pour la toute puissance de l'Esprit de Dieu.

Et voilà pourquoi, croyants, nous serons toujours les

adversaires irréductibles de l'athéisme. Nous lutterons contre lui loyalement, en refusant de nous servir des armes inacceptables qu'il emploie trop souvent contre nous ; nous lutterons contre lui, parce que nous avons le devoir sacré, le droit inaliénable de détruire tout ce qui peut entraver la libre croissance de l'humanité. Nous lutterons contre lui, pour travailler à l'avènement de la vérité et du bonheur sur cette terre, en faisant comprendre à l'homme que détruire Dieu, c'est se détruire soi-même, puisque Dieu est dans l'homme de telle façon, qu'on ne peut atteindre Dieu, qu'en se frappant, en se blessant, en se mutilant soi-même.

Nous montrerons ainsi au monde qu'elle existe la religion, large, tolérante, aimante, source unique du bonheur individuel et social, et que c'est celle dont Jésus-Christ parlait, près du puits de Jacob, à la Samaritaine, lorsqu'il lui adressait ces paroles prophétiques : « Femme, crois-moi, l'heure vient où l'on n'adorera plus ni sur cette montagne, ni à Jérusalem, mais où les vrais adorateurs, adoreront le Père en esprit et en vérité. » Car le jour où le Christ prononça ces paroles, il posa pour la première et pour la dernière fois, la pierre sur laquelle reposera l'édifice de la religion universelle. Il fonda la religion pure et sans tache, la religion éternelle, la religion sans date, sans sectes, sans prêtres, sans frontières, sans patrie, et qui durerera autant que la conscience humaine.

Après vingt siècles de Christianisme, cette religion-là n'est pas encore celle d'aujourd'hui, car la plupart des églises semblent s'être données pour tâche de défaire — au cours des temps — le travail de Jésus-Christ, son œuvre sublime de Rédemption humaine. Mais nous pouvons affirmer qu'elle sera celle de demain. « Quand les hommes aimeront la justice, écrit M. Gabriel Séailles, quand ils cesseront d'adorer les violents et les meurtriers, quand ils se traiteront en frères, ils pourront sans hypocrisie ni mensonge, invoquer leur Père Céleste. »

A tous ceux qui « invoquent leur Père Céleste » pour trouver en son énergie souveraine les forces qui leur sont nécessaires pour travailler à faire naître en eux-mêmes, puis dans le monde, le type humain annoncé et espéré, le fils de leurs rêves, de leur idéal, de leur foi, — il ne reste plus qu'une chose à faire : s'unir à toutes les âmes éclairées, loyales, aimantes, en conviant l'humanité au seul combat qui soit digne d'elle, à la défaite de la misère, de l'ignorance, du vice, du mal social, en sorte que tous soient les ouvriers de cette « Cité humaine », les artisans de cette « Maison de Dieu » dont parlait un jour M. Wagner : « Je rêve..... une haute Cité pacifique, inondée d'air pur et baignée de lumière, clémente aux égarés, bonne aux petits, douce aux malheureux, maison de tout le grand peuple de Dieu, accueillante à tout ce qui est vraiment humain, environnée de chaque rayon dont l'art fait hommage à la beauté morale, animée de chaque haute et sainte pensée,.... pleurant de toutes nos larmes, chantant de toutes nos espérances, ne connaissant pas l'anathème, et fondant tous les degrés de la tonalité humaine en un hymne suprême où l'on percevrait à travers l'accord des frères, la voix même du Père témoignant sa présence. »

MONTBÉLIARD. — SOCIÉTÉ ANONYME D'IMPRIMERIE MONTBÉLIARDAISE